아직도 나를 설레게 하는

이연주 시집

문학의전당 시인선
0261

아직도 나를 설레게 하는

이연주 시집

문학의전당

시인의 말

무르익은 봄의 끝자락에 두 번째 시집을 출간합니다.

먼 날은 아련하고

해변의 까만 돌들이 서로 부둥켜안고 강풍을 견디는 모습이 안쓰럽습니다.

우리들 삶과 많이 닮아 있습니다.

서투른 글들을 염주 알 꿰듯 하나씩 꿰었지만 크기가 같지 않습니다.

남은 문장은 앞으로 보석처럼 아끼면서 다듬겠습니다.

문학을 사랑하는 시인님들께 행복의 열쇠를 쥐어 드리고 싶습니다.

이제 또 뜨거운 여름입니다.

2017년 6월

이연주

어묵 | 버섯

차례

제2부

제3부

제4부

제1부

격자무늬 창

작은 암자의 목탁 소리
바람에 창들이 서로 붙들고 있다
창의 격자무늬, 비구니 스님의 불경 소리를 담고 있다
파르르 떨리는 문풍지가
창을 바라보며 울상이다
편안하게 앉아 있는 대웅전 좌불상
빙그레 웃으며 눈을 감고 있다
창 너머 넘겨보던 진돗개가
염불 소리에 마루 밑에서 졸고 있다
창의 경계에 살금살금 몸을 내미는 목탁 소리
창밖의 배롱나무에 안겨 바람에 실려 날아간다
경계 속과 밖을 바라보는
격자무늬 창의 마음 알 수 없다

일승원음(一乘圓音)*

비구니가 되려고
수덕사 견성암자에서 수행하는 행자 스님

마음 비우는 수행을 하면
속이 없어지는 것인가요
부처님을 바라보며
무지한 어미는 낯선 속내를 내비친다
바람에 온갖 힘을 들여도
바위에 부딪치는 소리 소리들

일승원음(一乘圓音)이 들리지 않는가

말갛게 내려다보던 햇살이 등을 민다

길섶 모퉁이에
스님 닮은 파꽃 송이들
오솔길에서 헤매는 어미의 손짓

---

* 一乘圓音: 부처님의 몸이 불상이라면 일승원음의 범종 소리는 진리를 담은 부처님의 말씀.

나부끼는 가을날

김천 직지사, 일주문에 들어서니
철 늦은 노랑나비 한 마리
사람들 머리 위를 빙빙 돌고 있다
경내에 단풍잎이 가을 햇살에 곱게 물들고 있다
천불 부처님 법당 앞에 우뚝 서 있는 석탑
오랜 세월 버티어 온 흔적의 주름살에 검버섯이 피어 있다
지장전 법당에서 스님의 금강경, 목탁 소리
죽은 자와 산 자의 갈림길에서
천도재를 지낸다
측백나무 가지에 앉아 법당 안을 기웃대는 잡새들
극락왕생을 기도하는 스님의 높은 불경 소리
가을바람에 이리저리 날아가고 있다

봄날의 변신

운문사 뒤뜰 처마 밑
줄 서 있던 고드름이 어느새 사라졌다
물이 되어 흘러내린 뜰에
파란 풀잎 사이 민들레가 작은 꽃을 피우고
바람이 지나간 자리에는
풍경이 음률에 맞춰 작사 작곡을 한다

대방에서
학인 스님들의 경전 독송에
마루 밑에 앉아 있던
야옹이가 입을 오물거리며 듣고 있다
한 스님, 꿈을 사풋 꾸었는지
경책의 벌을 서고 있다
꽃살 문틈 사이로 들어오는 바람
뒤꿈치 세워 걷는 스님의 장삼 자락에도
봄바람이 일렁인다

사찰 앞마당을 지키고 선

세월의 흔적이 겹겹이 쌓인 벚꽃나무
여린 가지에도 꽃잎이 나풀대고
삼바 춤을 추는 아지랑이에
산수유는 노란 웃음보를 터트린다
봄이 달려오고 있다

도자기 봄꽃

우주가 맴돌며 산과 들 푸른 물소리
가마에서 불과 흙이 구워낸 별빛

"흙과 불, 혼의 만남"
설중매

밤하늘에 별이 쏟아지는 꽃
도자기 속에 그려져 있다

시간을 묶어
도자기에 앉아 있는 봄꽃
불멸이다

나무는 나무의 몸을 모르고

겨울이 지나기를,

이른 봄을 마중 나온 사람들에게 동백나무는 빨간 꽃망울을 바닷바람에 실어 쥐어준다 그들의 말을 들을 수 없지만 포근함을 느낄 수 있다 늘 베푸는 말을 살포시 안겨준다 산과 들의 여름 나무는 울창한 숲을 만들어 그늘을 밟고 지나는 사람들에게 바람과 함께 더위를 식혀준다

지장보살 법당 앞에 서 있는 가슴둘레가 어른의 두 배나 되는 늙은 보리수나무는 무엇을 알고도 모른 척 사랑과 그리움을 안겨준다 그 자리에서 오가는 사람들에게 철 따라 옷을 갈아입는 것을 무언으로 말한다

돌아가신 스님의 어머니를 그 나무 밑에 수목장하였다 땅속에 잠들었던 뿌리가 안쓰러워 안아주었을까 나무는 들려오는 불경 소리에 귀 기울이며 무엇을 생각하고 있는지

가을이면 단풍나무에게 색깔 옷을 입힌다 자기 몸이 흙으로 돌아가 그림자 속에 잠드는 것을 나무는 모른다 흙으로 돌아간 나무와 사람 말 맞춘 듯 침묵 길다

몸의 소리

명상에 들어가서
메트로놈의 박자, 호흡 단전의 들숨 날숨 복식호흡을 천천히 한다
몸의 오염된 물길 따라 내려가니 조금씩 정화된 물소리
좀 더 다가가는 소리, 편안해지면서 나를 돌아보게 된다

몸은 거짓의 소리를 낼 줄 모른다
언제부터인지 몸의 주춧돌이 허물어지는
빨간 신호등
고목의 은행나무 척추에서 물길이 흘러
마른 가지가 고통의 소리 부르르 떨고 있다

물길이 잡혔다
가슴에서 크게 요동을 치더니 흐르는 정화수
파란 잎 움트는 고운 물소리
하늘 구름 위에 누워 있다
음악 소리 들린다

눈을 떴다

몸의 소리 그를 깨운다

풀이 무기

미국 그랜드캐니언 사막에는 풀이 무기이다
황무지에서 살아남을 수 있는
빳빳한 칼자루 같은 풀
모래바람이 회오리 되어 하늘로 날고 있다
협곡의 거대한 바위층
이름 없는 풀들의 바람 소리
밟혀도 일어서는 인디언들의 함성 소리인가
민들레 꽃씨같이
모래사막에서 바람을 타고
긴 세월에 독수리 모양을 하고 앉아 있다
풀이 무기이고 삶이다

어스름에 젖다

북한 하늘의 먹구름 사이
가랑비가 뒷걸음치는 백두산 등성
바람에 밀려가는 빗줄기
회색구름이 서서히 비켜선다
어스름 하늘은 밀려나고
천지를 보려고 먼 길을 달려온 사람들 머리 위에
한 줄기 태양의 빛 비스듬히 비추어 준다
안개의 문 서서히 열리고
하늘 요정의 호수 얼굴을 내민다
그들의 환호성
천지(天地),
잠시 얼굴을 보여주더니 문이 닫히고
회색 구름 속으로 숨어버린다

다시 눈바람에 우박이 떨어지고 하늘 따라 마음도 젖는
백두산 호수 어스름에 젖고 있다

저무는 설렘

저녁나절, 석양의 그늘에 비켜 서 있는 묵은해는 무시래기처럼 축 늘어져 뒤편 담벼락에 걸쳐져 있다

해가 저물어 가면 내일의 푸른 숲이 기다려준다 늪일지라도, 저무는 어깨 위에 달이 뜨고 따스한 둥지를 찾는 사람들 삶의 휘청거림이 은은하게 여물어 간다

봄을 기다리는 설렘에서 작은 화분에 앉은 일년초 풀꽃은 물만 주면 시도 때도 없이 따뜻한 햇볕에 고개를 바짝 세운다

겨우내 얼었다 녹았다 말라가는 무시래기도 언젠가의 쓰임을 기다리며 말라가면서도 살고 있다

석양 뒤에 숨은 둥근 달은 저물어 가는 할머니의 뒷모습을 환하게 비추며 설렘을 안겨준다

갈피리

겨울 갈대밭에 솜털 가득 퍼진다
갈대들은 흰머리 찰랑거리며 뛰어놀다가
구경꾼이 모이면 갈피리를 불어 춤을 춘다

시린 바람에
외로워 울어대는 갈대들
속 빈 머리로 비파 소리만 낼 줄 안다

저무는 들판에 석양을 바라보는 진돗개
엉킨 머리카락 날리며 갈피리 물고는 멍하니
황새 한 마리 하늘을 빙빙 돌다 산등성이로 제 집 찾아간다

따뜻한 침묵

짙은 어둠 속에 깔린 모래알 같은 수많은 말들
창작은 모험
어둠에서 가만히 눈을 감고 있으면
희미한 빛이 마음으로 들어옵니다
한 줄 한 줄이 문장이 되어가다
어둠의 벽에 부딪쳐
출렁이는 수평선의 밤바다에 가라앉습니다
쓰고 지우는 것을 늘 반복하는 침묵의 바다
아침 해가 솟구치는 그곳
마침내 온 우주를 다독이며 기다리는
사랑의 힘

물소리를 그리다

독거노인의 늦은 저녁은 찬밥에 김치
목에서 내려가는 물소리가 불안하다

저녁 산책을 나섰다
노인의 기침 소리에 놀라 먹이를 삼키지 못하고
개구리가 펄쩍
여치가 풀잎에 물방울 그림을 그리다가 내려다본다

위층에 사는 노처녀의 샤워 소리
여치의 뛰어가는 물소리를 그리는 노인
귀 기울인다
주름진 얼굴에는
고목나무에 매달린 벚꽃 그림을 그리고 있다
창밖의 단풍나무 빨간 물소리를 그려준다

가을 물소리

산기슭
징검다리 사이로 흐르는 개울물 소리
청아한 음률을 그려내고
아침 햇살에
풀잎에서 반짝이는 물방울
물풀 위 연잎들이 그림을 그려준다

늘어진 수양버들 피라미 집을 그려주고
새끼 오리 떼 줄지어 먹이를 찾는데
연보라 갈대들이
달려오는 바람에다 그림을 그려준다

갈대 허리에 오른 청개구리
바람을 막아 달라고 개굴개굴

볏단 묶는 농부의 땀방울을 바라보던
분홍 노랑 빨강 코스모스 가을바람에 꽃그림을 그린다

떠도는 것은 넘어지지 않는다

검은 유령
바다 건너서 숨어들어 바이러스가 되어 떠돌고
사람들 하는 말은 말[馬]이 되어 뛰어다니며
여기에 붙었다 저기에 붙었다
놓아버릴 것과 품어야 할 것
바람은 길 잃고 떠도는 무위도식자

중립을 주장하는 말[馬]은 기세가 등등하다

바이러스에 감염된 사람들 넘어지려 하고
스팸 문자의 말은 사방팔방 떠돈다

고양이

무더운 여름날 그늘진 처마 밑바닥에 붙어 있는 시루떡 닮은 축 처진 가슴에 새끼들이 들락거린다

어스름 달빛, 엄마 고양이 어슬렁거리며 비닐에 담긴 비린 음식 봉지를 뜯고 있다 먹잇감에 동그란 눈에 파란불을 켜고 사람들 인기척을 살피는 도둑고양이 발소리 죽인다

밤중이면 이 지붕 저 지붕 날아다니며 날카로운 무기 같은 발톱으로 쥐를 잡는 살쾡이가 이제는 떠밀린 거리의 무위도식 고양이,

대청마루나 현관 타일에 볼을 부비며 낮잠을 청하던 고양이가 주인에게 꼬리 치며 마루에 올라앉는다 나비의 등을 긁어주며 어린아이 달래듯 토닥인다

누린 자는 더 높은 곳을 바라보며 날카로운 눈빛으로 비리의 발톱을 감추며 달려간다 먹잇감을 찾는 고양이처럼 파란 눈빛 치열하다

한바탕 소나기가 내리려나,
먹구름이 부산하게 떠돈다

겨울 산

산수유 열매 몇 개가 나뭇가지에 매달려 있다
설경에 붉게 빛나는 열매를 바라보는
먹잇감 찾던 참새 두 마리 재잘거리며 눈독 들인다
바람에 흔들리는 나뭇가지 하얀 꽃 그림 그리는데
백발의 소나무, 허리가 시린지 부르르 떤다
말없이 지키고 있는 겨울 산
산은 꼭꼭 다독여준다

제2부

버선꽃

텃밭 귀퉁이에 다소곳이 피어 있는 골담초
작년에 옆집 할머니 신경통에 약이 된다고
뿌리째 뽑았건만
올해도 해맑은 웃음 보인다

산과 들, 돌담 밑
노란 버선처럼 피어 있는 모습 가련하다

수덕사 바위 밑에 초롱불 환하게 밝히며
저녁 예불 종소리에 조용히 고개 숙인 노란 꽃
당신은 관음의 화신
버선꽃

웃음꽃

은행 창구 앞
수반에 꽂혀 있는 백합꽃, 땀에 젖은 나를 반기며 웃고 있다
지나가는 젊은 엄마의 보행기에서
엄마, 엄마 제비꽃을 피우는 아기
아기를 바라보는 얼굴 말꽃 바람을 날린다

시장 모퉁이
작은 보자기에 펴놓은 푸성귀 앞에 졸고 있던 할머니
사람들 인기척에 나물을 들고 하품을 하고는
힘없이 웃는다
담벼락 사이 비바람에 젖은 노란 민들레
푸성귀 파는 할머니처럼 등이 굽어 휘청거리면서 노란 꽃잎 피운다
돌부리 작은 풀잎 웃음꽃 동그란 그림 그린다

장미꽃도 꽃이고 할미꽃도 작은 풀꽃도
세상에는 꽃 아닌 게 없고 말 아닌 게 없는데
양파 껍질 벗기듯 벗기고 벗겨도

속이 보이지 않는

모호한 둥근 사랑의 말꽃들

방울토마토를 디자인하다

눈부시게 고운 색을 지닌 그녀
빨간 씨앗이 흐물흐물 흘러내릴 것 같다

여자는 다이어트에 어지럽다

달구어진 프라이팬의 방울토마토
빨간 윗옷을 벗고
알몸으로 뒹굴며 오그렸다 폈다

사랑에 빠진 연인처럼

불꽃의 가슴 벅찬 희열 사이
음표의 의미는

접시 위에 앉힌 방울토마토
빨간 체액 흘러 가쁜 숨 내뿜으며 허물어지는 가슴
느낌표를 찍는다

빨간 방울토마토

지구가 또 그 속에 들어 있다

꽃과 봄의 사이

겨울을 밀어내는 바람
웅크리고 있던 흙덩이 꿈틀거리고
마른 나뭇가지에 새순 움튼다
꽃과 봄의 사이에 바람
봄이 꽃을 피우지 않았다면
사이사이
벌들이 꽃을 찾는
사랑은 있었을까
하늘과 땅
너와 나 시린 마음
꽃이 피었기에
봄이 봄을 만들고
꽃이 꽃을 피운다

봄비

싸하게 퍼져 오는 흙 내음
폭죽처럼 피어나는 매화꽃에서 벚꽃으로 옮겨 간다

개울가 징검다리에 앉은 개구리
물가에 헤엄치는 올챙이 손짓하며 개굴거린다

길모퉁이에 앉은 패랭이꽃
연둣빛 공간에서 작은 입술 오물거리며 물을 마시고

잡풀 사이 고개 내민 들꽃
사이사이 옮겨 다니며 머리를 빗겨주는 봄비

늙은 연분홍 벚꽃나무 꽃잎이 파리한 채
하나 둘 봄비의 등을 타고
다시 만날 날을 기약하면서 어디론가 날아간다

온 우주에 사랑의 에너지를 심어주는
봄비

봄에 자유를 만나다

바람이 봄을 뿌리고 있다

개나리 만개하여 웃고
온기를 되찾은 흙

민들레 홀씨 바람에 날아와
보도블록 사이에 난쟁이 노란 꽃
나비가 앉아 춤을 춘다

벚꽃 가지는 구름 위에 손 흔들고
억눌렀던 언 땅 자유를 만난 듯

담장 위 그리움 넋으로 핀 하얀 속살 같은 목련꽃
기다림 하나로 참아온 억압

푯푯하게 쏟아지는
팔공산 자락 코끝에 풍겨오는 미나리 향이
봄바람 사이를 맴돌고

텃밭 풀꽃들도 시끌벅적
자유를 만난 봄날 화사하다

초록에 춤추다

빨간 덩굴장미
오가는 사람들에게 온몸으로 안긴다

오래된 이팝나무 가슴에 물이 말랐는데
상처 난 가지를 도려내었더니
하얀 별꽃 펄럭인다

푸름 속에서 라운딩 하는 나무들
휘두르는 골프채에 녹색 바람이 묻어 있다
초록에 춤추는 나무와 같이
다람쥐 나뭇잎 사이 오가며 곡예를 한다

나는 나를 쳐서 하늘 높이 날렸다
푸름이 안기는 행복에
오월의 초록들 춤추고 있다

안개비

안개가 강둑을 지웠다
지우다 만 강둑이 희미하다
사과나무 꽃송이 구슬처럼 달고 있는 빗방울
라일락 나무 바람에 꽃잎 춤을 춘다

뭉글뭉글
연기처럼 피었다가 지나가는 구름
울먹이는 아이 같다

지나온 날이
비와 바람 함께 쏟아져
연기에 허우적거린다

땅속에 잠들었던 나무뿌리가 깨어나
물오른 가지에서 푸른 잎들 팔뚝을 내밀듯 벋고 있다
여자의 머리에
안개 방울이 대롱거리며 따라온다

띠띠미*

띠띠미 작은 마을에
산과 들, 산수유 노란 물감으로 덮여 있고
꽃 축제에 앙증스러운 꽃잎 꽃잎들
청정한 바람은 이리저리 나풀거리며 날고 있다

노란 산수유
시낭송에 귀 기울이고
대금 연주자의 손놀림은
나비의 날갯짓이다

고전 춤을 추는 여인의 하얀 버선목
구름꽃이 되어 하늘을 난다

봄 햇살에
산수유의 샛노란 속삭임이 톡톡 소리 내어 웃고 있다

---

* 경북 봉화군 봉성면 동양리 두동마을. 봉화문협에서는 매년 4월 초, 이곳에서 산수유시낭송회를 개최한다.

초록의 음률

가을비가 며칠 계속 내렸다

창문에 기대어 선 나뭇잎
초록 잎새에
건반 소리가 났다

둥글게 동그라미를 그리며 떨어지는
작은 떨림

건반 소리에 흥이 난 초록 잎새
얼굴이 붉어진다

물내

땅에 스며드는 빗물 종일 바쁘다
뜨거운 태양열 식히고
여기저기 잠든 뿌리에 물을 뿌린다
산수유 가지 하나 부러져 물을 먹지 못하고
잎이 나지 않는다
올려서 나무 작대기를 받쳐주었다
몸의 기억을 밀어 올리고
물비린내가 덕지덕지 붙어 있어도
여전히 향기로운 건
아직도 떠나보내지 않은 사람이 있는지

모태의 물내를 맡은 태아
엄마의 젖줄을 빨고 있다
사람 동물 식물 모두가 물이 마르면 잎이 나지 않는다

물속에 사는 물고기들
그들은 물이 집이고 길이다

물은

소중한 생명줄이다

파꽃

오월이
남새밭에 내려와 앉았다

꽃대
텅 빈 가슴 감추며 꼿꼿하게 버티는데
청개구리 소리 처량하다
푸른 바람 소리에
엉겅퀴는 하얗게 흐트러진
머리털을 쥐어짜고 있다

달빛 아래
파꽃

옥색 한복을 곱게 차려입은
할머니 쪽진 머리 같다

유월

황금 조팝나무
들어 올린 나뭇가지가 하늘을 바라보는데
상기된 얼굴에 물오른 입술이 금방 목욕한 아가씨 같다
옆에 선 백일홍도
백 일 동안 피고 또 핀다고 함박웃음 터트리고
연지를 곱게 바른 명자나무 꽃
말갛게 웃고 있는데
연보라 드레스 요염한 입술
가는 허리 한들거리는 개망초
오가는 나그네에게 목을 길게 뺀다
내려다보는 파란 구름 사이 날아오는 바람
개오동나무 입술에 살포시 내려앉는다

풀잎의 집

어디든
그들이 앉아 있는 자리가 풀잎의 집이다

바람이 날아와
가만가만 걸어오는 봄의 소리
깨진 기왓장 밑으로
이슬방울 떨어지는 소리에
작은 풀잎이 눈을 부빈다

질긴 생명체를 받쳐주는
풀씨가 토해낸 자리에서
작은 분홍 꽃이 피고 있다

노인정 아랫목 벽에 등을 기댄
할아버지에게
마른 풀잎 머리 날리면서
급하게 들이닥친
내 자리,

할머니는 방에 드러눕는다

어제 내가 앉은 자리인데

예천사과

소백산 파란 하늘 자락 아래
금곡천 물 맑은 거울 속 붕어와 피라미 떼 지어 놀고
은행나무 오솔길 지나 벼이삭 노란 물결 출렁이는데
돌담 밑 코스모스 가는 허리 해종일 요염하다

양광사과밭 상큼한 향을 물고
나뭇가지에 올라앉은 참새들
목을 길게 내밀고

태양 아래 발가벗은 사과
빨간 엉덩이를 쳐다보며 재잘거리고 있다

배꼽마당에 잔치가 열렸다
고봉밥 닮은 빨간 사과들이 광주리에 가득 담겨
볼에 홍조 띤 신부의 얼굴로
오늘은 예천 양광사과 시집가는 날

아직도 나를 설레게 하는

오래된 기억 저편 강모래에
두고 온 문장 하나
세월의 변화에 놀라지도 변하지도 않은
추억의 그림자가 뒹굴고 있다
눈썹이 짙고 눈이 호수같이 깊은
그 소년이
안개 속 추억에 머물고 있다
아직도 나를 설레게 하는 사람
그 소년 소녀가
박제되어 있는
추억의 틀 속에서

낮달맞이꽃

연분홍 한복을 단아하게 차려입은 그 자태
기다림의 흔적이 묻어 있다

말없이 속앓이만 하는 당신
곱게 피고 지고
기다리는 것보다 찾아가는 사랑을 아는지
다시 태어나도 변하지 않을
불멸의 사랑은 계속될 것인가

표현도 못하고 애타게 바라보는 여자에게
"꼭 말로만 해야 하나"
남자의 무심한 말 한 마디
낮달맞이꽃 닮은

제3부

천천히

물거울

달항아리 같은 배를 내밀고 며느리는 공 굴러가듯 걷는다

양수 속에 앉아 있는 태아
거울에 비친 자신의 모습을 바라보는지
아기는 세상 밖으로 나가는 날을 손꼽아 기다릴까

달항아리 뱃속 태아는 물거울을 깨고

봄바람 타고 태어났다

당신은 당신을 비추고 세월은 세월을 비추려나

봄볕에는

담장 밑에 노란 민들레
어느새
하얀 홀씨 흩날리고 있고
나물 캐는 여인들의 손길 바쁘다

성급한 연꽃등은
봄바람에 꽃물 들었나

지난 봄날 심장수술로
하늘나라 중턱까지 다녀온 그녀

막 피어오르는 매화나무 꽃망울 올려다보는데
진달래 꽃잎 바람에 날려
여인의 얼굴 빨갛게 물들인다

아침 햇살이
봄볕으로 들어가고 있다

구천(九天)을 걷다

가을 하늘을 바라보며 걷는다
구름은
지나간 만남과 헤어짐을 반복하면서
세월을 이고 지고
구천을 돌고 있다

아이가 어느새 중년을 넘어 할미가 되어간다

병원으로 가는 서울행 버스에 스쳐 지나는
아름답게 물든 단풍잎들
노랗게 익어 가는 알곡들이 춤을 춘다

사과나무에 달린 빨간 사과
오래전 입맞춤에 저렇게 달린 것일까

사람들은 살면서 구천에 구천을 건너다니고 있다

출렁거리는

파란 물 출렁대는 수영장에는 큰 물고기들이 퍼덕대고 있다 잽싸게 달리는 물고기들은 물속이 안방인 양 누워서 잘도 달린다 나는 높은 산을 올라가듯 힘겹게 발차기를 해도 거북이 같다 쉬었다 가려면 메기 같은 물고기가 미끄럽게 내 앞을 달린다 출렁거리는 뱃살이 물결에 얹혀 파문되어 뒤를 따라온다 며칠 퍼덕대던 큰 물고기가 서서히 발차기에 파도타기를 한다 힘껏 달리면 물꽃이 붕어 같은 입으로 코로 들어와서 나를 반긴다

어미 뱃속의 양수에 잠겨 발차기 하는 태아는 무슨 꿈을 꾸고 있을까

어머니의 집

낮은 울타리 너머
가족처럼 모여 있던 단지들 사라졌다
늘 여닫던 문고리에 그녀의 손때가 묻어 있을 텐데
차 세울 자리를 마련하고 기다리던
반갑게 뛰어나올 것 같은
빈집 안을 기웃거린다
누워 있는 엄마의 집
엄동설한에
배에 바람을 막아주는
흙더미 덮고 있는 마른 풀잎 이불이 안쓰럽다

딸을 기다리며
휴대전화기로 안부를 묻는다
"차 조심하고 밥은?"
엄마의 목소리 합성되어 나온다
나뭇가지에 일렁이는 잎사귀
등이 시리다
지난날의 엄마처럼

장맛비 내리는 날이면

비 오는 날 저녁이면
장작불에 익은 엄마의 이마에서 흐르는 땀
모시적삼 흠뻑 적신다
저녁은 호박과 감자를 넣어 끓인 수제비
칠월 소낙비에 산이 무너지고 둑이 터지고
개울은 강이 되어 흘렀고 나무들 뿌리째 넘어져
흙탕물 물살 속 아우성치며 출렁거렸다
엄마의 한숨 소리, 올해 농사도 망쳤다
펄펄 끓는 무쇠솥에 떠 넣는 밀수제비
펄쩍 펄쩍 돌아다녔다
소낙비가 내리 붓는다
엄마의 밀수제비가 그립다

오래된 우물

노란 은행잎 깔려 가을 옷자락이 저만치 달려가는데
고여 있는 빗물에 어머니의 동공이 보인다
어머니가 우물에서 퍼 올리는 두레박 둥근 물방울 소리들
빗물에 섞여 바람에 흩어진다

지난날 우리 집 우물은 냉장고였다
여름이면 끈으로 동여맨 바구니에서 수박이 올라오고
열무김치 단지도 춤을 추며 살금살금 올라왔다
저녁이면 아버지 등물 끼얹는 소리가 시원하게 들렸고
오순도순 둘러앉은 저녁상 숟가락 소리가
담장을 울렸다

겨울이면 물이 따뜻하게 변하는 그 오래된 우물
엄마의 두레박 소리 멀리 들린다

수세미

울퉁불퉁
길쭉하게 생긴
푸른 몸
장거리 선수의 단단한
장딴지 같다

천식에 좋다고 달여 마시는 사람
알레르기가 치유된다며 물장구를 치는 아가
소문에 소문이 날개를 달고 다닌다

바짝 말린 수세미
튼실한 몸은 오간 데 없고
얼기설기 실타래 같은
늙은 엄마를 닮았다

어미와 딸

지구 반 바퀴를 날아서 도착한 뉴욕
몸이 굳어지고 다리까지 저리다
반기며 웃고 있는 여인 낯설다
풀잎처럼 연약한 아이가
성숙한 여인이 되어 있다
잘 자란 화초 같다
길가에 서 있는 고목의 둥치 나무
가지의 새싹들 태양의 빛을 안고 반짝인다
누런 나뭇잎
바람에 떨어지지 않으려고 용을 쓴다
뒤뚱거리며 걷는 어미
색 바랜 나뭇잎 같다

모종

작은 텃밭
고추 가지 오이 모종들 신생아들 같다
연록의 여린 식물들 통 속에 앉아 있는
여인을 바라보는 눈 반짝이고 있다
고추나무 두 그루 잎이 누렇게 변해 있고
여린 줄기 땅 밑으로 넘어질 것 같다
그 모종은 주인이 덤으로 주었다
땅의 힘에 조금씩, 고춧잎 생기가 보였고
작은 고추 몇 개 달렸다

오 개월 된 아기 감기 고열에
급성폐렴,
숨쉬기가 버거워 산소호흡기에 의지하고 있는 파리한 얼굴
두 개의 호흡기를 달고도 숨을 헐떡였다
어미는 혼이 나간 빈껍데기만 굴러가고 있었다
며칠 뒤
열이 내리고 숨을 제대로 쉬었다
"아가야 고맙다 살아주어서 어미도 살았다"

텃밭에는 튼실하게 고추가 많이 달렸다
아들의 고추같이 사랑스럽다

동그라미를 그리다

보슬비가 직선으로 내려오다 땅 밑에서 동그란 그림이 되어 뒹굴고 있다

땅에서 그림 문자를 그리는 아이

엄마의 배에 앉은 사과 씨 같은 아기, 태반 속에서 양수에 헤엄을 치다가 양막을 깨고 두 주먹 꼭 쥐고 세상으로 나왔다

아이는 사과처럼 둥근 그림의 껍질을 한 겹 한 겹 벗기면서 화선지에 엄마의 태반 속에서 배운 태극의 원 동그라미 속의 날들을 그린다

날개를 달고 지구 반 바퀴 너머로 날아갔다 또 살아서 날지 못하는 박제를 동판에 찍어 만든 그림을 화선지에 옮기고, 불멸의 동그라미 씨를 하늘 높이 띄우고 있다

먼 이국땅에서

주역 서문을 읽다

손녀의 이름을
날짜와 난 시, 그에 합당한 이름을 지었다

달이 차면 기울듯이, 길(吉)과 흉(凶)이 반복된다
"산은 산이요, 물은 물이로다"* 했던가

물과 불의 조화 자연의 변함없는 흐름
바람과 바람 사이를 오가는 사실을 거울처럼 비추는
음이 되었다가 양이 되는, 태극을 논하여 하늘과 땅
근심을 미리 알면 근심하지 않게 될지도

믿을 수도 부정할 수도 없는 주역
이름 때문에 출세한다는 것

손녀의 이름 석 자 바람이 길을 내어줄 것인가

노란 개나리 울타리 사이 손을 내밀며 손가락을 건다

---

*성철 스님.

봄 숨

낙동강 줄기 봄 숨이
아지랑이와 뒹굴고 있다

이식한 가로수는 허리가 아픈지
지팡이를 짚고 외로움에 매달리고

틈새 가지
봄 숨에 파란 움이 실눈을 뜨고 웃고 있다

장날
시장 입구 손수레에 올려져 있는 허브꽃
파란 잎 사이사이에
분홍 초롱꽃이 봄을 안고 있다

세 살 난 손녀아이
나비가 춤을 추듯 엉덩이춤을 춘다
봄 숨에 꽃을 피운다

말을 반죽하다

보름달이 창가에 걸터앉아 거실 안을 기웃거린다
쌀가루 반죽을 이리저리 치고 주물러 반죽하는 엄마
동그랗게 만들어 소를 넣으면서
송편을 예쁘게 만들어야 잘난 신랑한테 시집간다고
반죽에 말을 섞는다

고모는 선 본 남자를 말과 함께
저울에 올렸다 내렸다
반죽에 소를 넣어 반달을 만들면서 달처럼 웃는다

둥근 판 위에서
풀 먹인 셔츠같이 빳빳하게 오기를 부리는 송편
보름달 저만치 뒷걸음친다
반죽을 공 굴리듯
사람들은 매일 남의 말을 반죽하면서 씹고 있다

깨어라 새벽 강

십이월의 날들이 강으로 흘러간다

그믐밤의 별똥별은 어디에 떨어졌을까

새아침이 밝아온다

시끌벅적, 이 산 저 산이 눈을 부비는데

손자가 우렁찬 울음소리로 세상에 태어났다

우리 가문을 이어나갈 23대 손자다

제4부

주차금지
견인 지역
주차금지

금속

하현달과 가로등

서걱거리는 깊은 가을밤 귀뚜라미 목청을 돋우면서 울어댄다 장독대 위 대추나무에, 아버지가 숫돌에 갈던 허연 낫이 연 걸리듯 걸려 있다 무심히 바라보는 나의 머리에 달이 뚝 떨어진다 낫 같은 달은 어디로 가고 모과가 머리를 친다 모과향이 머리에서 가슴으로 파고든다 하얀 별이 눈이 되어 내린다 달은 창백한 모습으로 가로등 뒤에 숨어서 바라본다 가로등은 줄지어 반달 모자를 쓰고 시린 발가락 꼼지락거린다

솔기

치자 물들인 광목천 빨랫줄 밑에
노란 꽃 한마당이다

보름달 환하게 창을 비추는데
한 땀 한 땀 솔기를 맞추어 꿰매는 할머니
돋보기가 코에 걸려
눈을 비비고 다시 꿰어도 자꾸 헛손질
추석 명절에 손녀에게 입힐 추석빔
실이 달린 바늘을 머리에 꽂고도 더듬고 있다
솔기 속을 감치면서 세월을 붙들고 있다

완성된 노란 원피스
치맛단 자락에 십자수의 코스모스가 활짝 웃고 있다

초록은 슬픔의 빛깔

청색 구름이 하얀 도화지에 올라섰다
초록의 숲에 연록의 바다가 깔리는데
나무 잎사귀에 앉은 봄 햇살이 맵고 아리다
해마다 유월이 오면
피다가 떨어진 참꽃들의 긴 그림자가
유학산을 오르내리다가 칠곡보에 와서 맴돈다
늦장가갈 날 받아놓고 보국대에 끌려간 삼촌,
전사통지서도 없이 아직도 연락이 없는데
할머니 머리털 같은 민들레 홀씨 올해도 흩날린다
오래전 하늘나라 오르신
할머니 짓무른 눈길이 푸르게 묻힌 곳
유월의 칠곡
초록은 슬픔의 빛깔이다

창문을 열고 당신을 맞다

아침에 창문을 열고 당신을 맞이합니다
오늘은 하얀 눈을 데리고 오셨네요
달려오는 당신의 볼에 나는 입맞춤 합니다
당신은 늘 아침마다 나를 안아줍니다
아무도 다녀간 발자국 없는 흰 눈이
나를 보며 반짝이는 햇살을 받아 손짓합니다
아침이 밝으면 창문을 바라보며
그저 이렇게 당신을 기다리네요
오늘따라 눈까지 데리고 온
당신이 있었기에 내가 세상에 존재하고 있어요
새로움이 없는 세상은 생각하지 않을래요
사랑합니다

익숙한 풍경들

가을의 그림자가 길게 드러눕는다
땅에 떨어진 은행잎들
이리저리 몰려다니며 떨고 있다
겨울이 문을 연다
서늘한 바람이 가슴을 파고드는데
첫눈이 흩뿌린다
창가에 앉아 있는 게발선인장
분홍 꽃 탐스럽게 피어
삶의 즐거움을 보여준다
하루가 지나가고
계절이 바뀌고
어제가 오늘 같은 연속적인 생활에도
익숙한 풍경들이 문득 새롭다

오늘은 왠지 내가 낯설다

깃털도 무겁다

겨울바람이 매섭게 시리다
누워 있는 나무둥치를 딱새가 딱 딱 쪼아댄다
옆에 앉아 있는 어미새
깃털도 무거운지 날개를 늘어뜨리고
나무에 기대어 집짓기를 기다린다

여기도 쿨럭 저기도 쿨럭
사람들 눈치를 보면서 독감은 앉을 자리 찾아 돌아다닌다
병원 대기석의 사람들 힘없이 순번을 기다리는데
깃털도 무거운 새들 고개 떨구고 있다

구름 요리

하늘이 햇볕을 안고 구름을 요리하고 있어요
누가 손을 뻗어 가져가려는지
살며시 더 높은 데로 옮기네요
아직은 요리가 미완성인데

구름 위에 올려진 아이스크림
손녀가 빨간 혀로 살살 녹이네요
울상이 된 구름은 두 팔 벌리고 누워버렸네요

황새 두루미가 붕어를 물어다 구름에 올려주고
빙빙 하늘이 만드는 피자 요리를 구경하네요
가을이 만든 단풍잎 송편 요리가 너무 예쁘네요
계란스프도 있어요
석양 구름꽃은 만찬의 케이크가 되었어요

연보라 갈대들이 손뼉을 쳐요
빨간 핀을 꽂은 아이가
울긋불긋 코스모스 무리 속에서 허리춤을 추네요

마음의 기울기

이유를 알 수 없는 감정들이 노트에 낙서하고 있다

겨울이 지나면
바람이 살포시 나의 귀밑에다 흘린다
헛웃음을 머금는
코끝을 찡하게 때리는 바람이
휘청거리던 마음에 매섭게 매질한다
참새 간식거리로 나뭇가지에 몇 개 달린 감
시계추처럼 왔다 갔다 한다

딸을 하늘에 연 띄우듯 날려 보낸 여자
아픈 가슴의 저울추가 중심을 잡지 못해 뒤뚱거린다
지구는 조금씩 기울면서 말한다
너 때문이야,
네가 자꾸 기울기 때문인데,
—알 수 없는 세상들
뒤죽박죽, 흙탕물 속에서도 연잎은
엄마의 자궁 같은 꽃대에 붙어 있다

지구는 기울기를 쉼 없이 하고 있고
계절은 앞만 보며 길을 재촉한다

모서리를 돌아가는 새벽

비가 추적추적 내리는데
강아지
모서리를 돌면서 벽에다 한쪽 다리를 올려 쉬를 한다
볼이 빨개진 석류 얼굴을 돌린다

바람에 대롱거리는
터질 듯
붉은 입술 벌어진 속살
익어가는 소리
아기의 울음소리가 들리는 듯
새벽 모서리에서
떨어지는 보석 같은 석류알

빈 페트병

어젯밤 소나기를 흠뻑 맞은 나무의자
몸이 무거운지 비스듬히 앉아 있고
할머니 젖가슴 닮은 빈 페트병
쭈그러진 채 의자 밑에 숨어 있다

둑길 벚나무 잎은 땅을 내려보고
허리를 받친 두 손 힘겨워 보이는데
이사 온 지 얼마 되지 않은 은행나무
얼굴이 불쏘시개처럼 구겨져 있다
붉게 물든 석양이 요양원 마당에
페인트칠을 하고
노인들의 흰머리에도 감색 스카프가 펄럭인다

담장 밑 외롭게 핀 나리꽃을 바라보는 할머니
젊은 날 행복했던 일들만 기억하는 그녀
바람에 굴러온 빈 페트병 같다

방석 세탁

너는 태어나면서 냄새나는 엉덩이에 눌려서 잘도 버틴다
"그래도 괜찮아, 매서운 칼바람은 먹지 않아도 돼"
오늘은 주인이 내 몸을 깨끗이 세탁해서 햇볕에 말려
옷이 반짝거려
베란다 너머 서 있는 백일홍 나무
갑자기 불어대는 한파에 오들오들 떨면서 아파트 안을 기웃댄다
실눈을 뜨고 있던 단풍잎들도 마른 몸을 바스락거리며
앞집 할머니는 요양원에 실려 갔대
방석처럼 깨끗이 세탁해서 오면 좋겠는데

치매로 정신이 오락가락하는 할머니
아무리 세탁을 하고 또 해도
흰머리가 검은머리로 변하지 않지만
추억의 홀씨 바람 속에 흩날리는
지난날의 곱던 시절을 잊지 않고 행복해 한다

올려다보는

내려다보는
가지각색의 꽃들이 세탁을 기다린다

잎은 지고, 꽃은 피고

구십을 바라보는 할머니
점심은 급식소에서
친구들과 같이 먹으니 밥맛 난다고
곱게 웃는다

이웃에게 감자전과 빵을 구워다 주면서
할머니는 외로운 웃음을
심심해서,
지난겨울 감기에 독감까지, 딸이 데려갔다

앞집 백년도 넘은 고목 벚나무가
활짝 웃고 있는데
어둠이 깔리면 쓸쓸한 그림자
비켜서 바라보고 있는 잎들

노인들은 계절이 바뀌면
하나, 둘, 떡잎 떨어지듯 소식이 없다

우리 집 막내는 둘째를 낳았다
태명이 또순이라더니
천생 저거 애비 닮았다

잎은 지고

꽃은 다시 피고

조용한 신호

오래된 벚나무
화려했던 지난날
잊어버렸는지
떨어진 꽃잎들이
조용히 떨고 있다

풀기 없는 요양원의 노인들
바람기 없는 공처럼
사그라져 가는 육신의 고통을
들여다보고 있다

흘러내릴 눈물도 말라버렸나

내려다보던 별들이
요양원 마당에 내려앉는다

가을

벼이삭이 노랗게 물들어 사각거리고

사람이 뛰니 메뚜기들도 덩달아 이리저리 뛰고 있다

저녁에는 귀뚜라미가 떼 지어 노래 부르리라

가을이, 가을이다

중환자실

매달린 통증
병은 기세가 등등하다
옆구리에서 핏물이 호스를 타고 내리고
고통이 풍선의 바람을 불었다가 꺼진다

간호사의 다급한 소리
—환자분 눈뜨셔요
눈까풀을 올려본다
—제 소리 들리셔요?
—손가락 움직여보셔요

소리는 들리지만
몸은 땅 밑으로 끝없이 내려가고 있다

손가락이 움직여진다
며칠째 깊은 잠의 늪에서 땅 위로 올라오는
봄날의 아지랑이 나를 깨운다

오월의 창

심장판막 수술을 하고
집요하게 의식을 끌어 올리려 애쓰는 그녀

푸른 오월처럼
심장이 다시 뛰기 시작한다

병실 창밖의 늙은 은행나무
꺾인 가지 사이에도 초록 잎이 돋아 있다

문틈 사이,
연록의 싱그러운 바람
성큼 들어서는
물버들 같은 생
오월의 창으로 달려온다

물웅덩이

해저드의 난이도를 피해 힘껏 공을 쳤다
너무 힘이 들어가 뒤땅을 쳤다
웅덩이 같은 호수에 공이 빠졌다
먹이를 찾던 물오리가 후다닥 달아났다

비 오는 날 우산을 쓰고 조심해서 길을 걸었다
지나가는 차가 도로에 패인 물웅덩이를 그냥 돌진했다
머리에서 발끝까지 물오리가 됐다

난이도를 피하려 애쓰는
언제 빠질지 모르는

물웅덩이가 있기에 자신을 되돌아볼 때가 있다

해설

시적 '그리기'의 힘

고영 시인

1.

세상에는 틀린 말이 하나도 없다는 사실을 문득 깨닫게 됩니다. 이연주 시인의 두 번째 시집 『아직도 나를 설레게 하는』을 보며, '사람이 입이 하나고 귀가 두 개인 이유는 제 말하기보다 남의 말 잘 들으라는 뜻이다'라는 격언이 떠올랐습니다. 이연주의 시를 읽으며, 세상의 격언을 새삼 확인하게 된 것은 그의 시가 우리가 사는 세상의 기쁨과 슬픔, 성공과 실패, 희망과 절망, 또는 미련과 체념을 오롯이 담아내고 있었기 때문입니다. 관념의 머리가 아닌 몸으로 체득한 소리가 가볍고 부드러운 터치의 스케치처럼, 아니 수채화처럼 갈피를 이루고 있습니다. 아마도 시인은 노래하기보다 먼저 그림을 그리고 싶었나 봅니다. 대상이 대상과 깊숙하게 맺은 인연(因緣)의 실타래를 눈으로, 손끝으로, 마음으로 헤아려 짚어보고 싶었나 봅니다. 그로 인해 어떤 운명에 스스로 연루(連累)되기를 내심 바라면서.

겨울이 지나기를,
이른 봄을 마중 나온 사람들에게 동백나무는 빨간 꽃망울을 바닷바람에 실어 쥐어준다 그들의 말을 들을 수 없지만 포근함을 느낄 수 있다 늘 베푸는 말을 살포시 안겨준다 산과 들의 여름 나무는 울창한 숲을 만들어 그늘을 밟고 지나는 사람들에게 바람과 함께 더위를 식혀준다
지장보살 법당 앞에 서 있는 가슴둘레가 어른의 두 배나 되는 늙은 보리수나무는 무엇을 알고도 모른 척 사랑과 그리움을 안겨준다 그 자리에서 오가는 사람들에게 철 따라 옷을 갈아입는 것을 무언으로 말한다
돌아가신 스님의 어머니를 그 나무 밑에 수목장하였다 땅속에 잠들었던 뿌리가 안쓰러워 안아주었을까 나무는 들려오는 불경 소리에 귀 기울이며 무엇을 생각하고 있는지
가을이면 단풍나무에게 색깔 옷을 입힌다 자기 몸이 흙으로 돌아가 그림자 속에 잠드는 것을 나무는 모른다 흙으로 돌아간 나무와 사람 말 맞춘 듯 침묵 길다

—「나무는 나무의 몸을 모르고」 전문

이번 시집의 출발은 단연 '봄'입니다. 그것은 잠이 아니라 깨어남이고, 침묵이 아니라 대화이고, 단순한 운동이 아니라 스스로 즐기는 춤입니다. 봄의 이 세 가지 속성, '깨어남, 대화, 춤'이 씨줄이 되어 시인의 섬세한 감성과 맑은 언어를 한 대상에게 깃들게 해 날줄 삼아 시편들을 완성하고 있습니다. 강하고 억세게 주장하지 않으면서 시작(詩作) 태도를 흩뜨리지 않는 데서 시인의 또 다른 면모가 드러나는 듯합니다. 일관(一貫)한다는 것은 그만큼 진정하다는 것의 다른 말일 수도 있기 때문입니다.

시는 1연에서 "겨울이 지나기를"이라는 힘찬 발원(發願)으로 시작합니다. 왜냐하면 "동백나무는 빨간 꽃망울을 바닷바람에 실어 줘어"주기 때문입니다. 겨울의 침묵이 깨져야만 '사람과 동백나무'의 대화가 시작됩니다. 비록 알아들을 수는 없지만 "포근함"이 느껴지고 그것이 "늘 베푸는 말"이란 것을 알고 있기 때문에 기다려지는 것이지요. 시인은 마찬가지 '풍경'을 "운문사 뒤뜰 처마 밑/줄 서 있던 고드름이 어느새 사라졌다/물이 되어 흘러내린 뜰에/파란 풀잎 사이 민들레가 작은 꽃을 피우고/바람이 지나간 자리에는/풍경이 음률에 맞춰 작사 작곡을 한다"(「봄의 변신」)고 변주(變奏)해 들려줍니다. 동백이 민들레로 좀 작아지고 낮아지지만 하나같이 포근하고, 우리에게 무언가를 베푸는 존재들임에는 틀림이 없습니다. 시상은 이제 계절의 변화를 따라 여름→가을로 전

개되고, 이 수천수만 년 동안 거듭 반복했을 것 같은 자연의 흐름에서 시인은 한 생이라는 짧다면 짧고 길다면 긴 주기(週期)의 인간이 녹아드는 '터'를 마련합니다. 2연의 "늙은 보리수나무"와 3연의 "수목장"이라는 시어 몇 단계를 거쳐 마지막 연의 "흙으로 돌아간 나무와 사람 말 맞춘 듯 침묵 길다"는 어떤 상태에 다다릅니다.

나무나 사람이나, 물론 '보리수나무'는 떨어진 제 잎이 제 뿌리로 다시 돌아가는 것을 보지 못할 테지만, 우리 사람도 이생의 인연이 다시 뿌리가 되는 윤회(輪廻)의 이치를 모르기는 마찬가지일 겁니다. 그래서 "일승원음(一乘圓音)"을 듣지 못하고, "마음 비우는 수행을 하면/속이 없어지는 것인가요/부처님을 바라보며/무지한 어미는 낯선 속내를"(「일승원음(一乘圓音)」) 드러내는 것이겠지요. '속'은 결국 살며 우리가 끓이는 한낮의 불판과 같은 것인데, 불에 데기만 할 뿐 무엇이 녹아들어 삶을 다채롭게 또는 진국처럼 깊게 하는지는 나중 문제일지도 모릅니다.

> 싸하게 퍼져 오는 흙 내음
> 폭죽처럼 피어나는 매화꽃에서 벚꽃으로 옮겨 간다
>
> 개울가 징검다리에 앉은 개구리
> 물가에 헤엄치는 올챙이 손짓하며 개굴거린다

길모퉁이에 앉은 패랭이꽃
연둣빛 공간에서 작은 입술 오물거리며 물을 마시고

잡풀 사이 고개 내민 들꽃
사이사이 옮겨 다니며 머리를 빗겨주는 봄비

늙은 연분홍 벚꽃나무 꽃잎이 파리한 채
하나 둘 봄비의 등을 타고
다시 만날 날을 기약하면서 어디론가 날아간다

온 우주에 사랑의 에너지를 심어주는
봄비

—「봄비」 전문

이연주 시인에게 '봄'은 생명의 계절임에 틀림없습니다. 하지만 저절로 그렇게, 날짜가 바뀌고 달력을 넘긴다고 오는 계절이 아님도 분명히 보입니다. 시인은 '봄' 자체를 즐거이 맞이하지만, 그것이 셀 수 없는 작용들이 한데 어우러져 빚어내는 '합창'이라는 것을 잊지 않습니다. 앞의 시는 '비'를, 아니 '봄비'가 작용하는, 아니 '봄비'를 맞이한 뭇 사물들의 변화를 몸의 가까운 곳에서 찾아내고 있습니다. '흙 내음', '손짓', '입술', '머리칼' 등등은 우리의 것이지만 실상은 우리가 잘 잊고 사는 것들입니다. 봄이면 비는 이러한 부분들을 새롭게 바라보게 하면서 "온 우주에 사랑의 에너지"를 심어줍니다. 어디 비뿐입니까? '바람'은 대지에 종속되었던 사물들에게 다시 '자유'를 되돌려줍니다. 봄을 노래한 그의 또 다른 시 「봄에 자유를 만나다」에는 그 정경이 아주 잘 그려져 있습니다. "풋풋하게 쏟아지는/팔공산 자락 코끝에 풍겨오는 미나리 향이/봄바람 사이를 맴돌고/텃밭 풀꽃들도 시끌벅적"하다고 합니다. 봄바람에 자유를 만끽하는 존재가 '민들레, 나비, 벚꽃'만이 아니라 향긋한 '미나리 향'에 사로잡히게 되는 우리들 자신이라는 것을 에둘러 강조하고 있는 셈입니다.

2.

자연을 어렵게 이해하자면 한도 깊이도 없이 무수한 논리의 늪에 빠져버리기 십상입니다. 시인은 논리로 설명하는 존재가 아니라 주관적 표현으로 설득하는 위치라는 것이 큰 위안이 될 때가 있습니다. 이연주 시인의 시를 보면서, 필자가 '봄'을 마치 자연 예찬에 머무는 것처럼 읽지 않았나 걱정이 듭니다. 시인의 세계는 아무래도 몸을 향해 있고, 삶의 곡률(曲律)에 따라 펼쳐지고 있기에 그런 읽기는 도움이 되지 않을 것입니다.

달항아리 같은 배를 내밀고 며느리는 공 굴러가듯 걷
는다

양수 속에 앉아 있는 태아
거울에 비친 자신의 모습을 바라보는지
아기는 세상 밖으로 나가는 날을 손꼽아 기다릴까

달항아리 뱃속 태아는 물거울을 깨고

봄바람 타고 태어났다

당신은 당신을 비추고 세월은 세월을 비추려나

―「물거울」 전문

사실일까, 봄에 태어나는 아이는 머리가 좋다고 합니다. 아마도 세상만물의 변화를 순차적으로, 감각으로나마 볼 수 있기 때문일 것이겠지요. '달항아리'가 함축하듯, 아직은 '태아' 상태에 있는 새 생명을 기다리는 심정이 고스란히 드러납니다. '며느리'라는 표현에서 유추할 수 있듯이 아마 시인과는 친족 관계일 것입니다. "아가는 세상 밖으로 나가는 날을 손꼽아 기다릴까"라는 표현은 반어적 의문문이 될 수밖에 없는데, 이미 세상에 나와 풍찬노숙(風餐露宿)의 쓰라림을 아는 우리가 던지는 의문이기 때문입니다. 시인은 '봄'에 태어나는 것이 "시간을 묶어/도자기에 앉아 있는 봄꽃/불멸이다"(「도자기 봄꽃」) 했으니, 새 생명에 대한 격한 쏠림이 이해될 듯도 싶습니다.

겨울이 지나야 봄이 오고, 봄이 무르익자 여름이라는 말은 말 그대로 비유일 뿐이고, 겨울이 혹독하게 추워야 봄에 가뭄이 들지 않고, 젖은 봄이라야 여름 녹음이 싱싱하고, 여름이 무더워야 가을 수확이 풍성하다는 것이 옳은 말일 겁니다. 생명도 이처럼 이어지는 것이라 생각할 수 있지 않나 싶습니다. 우리가 어떤 세대에 놓여 있든 그래서 부모는 늘 안타까운(혹독한 겨울 같은 시절이므로) 존재이고 자식은 늘 푸르게 기대하게 되는 것이 아닐까 싶은데, 시인도 이런 마음을 시집 속에 풀어놓았습니다.

보름달 환하게 창을 비추는데
한 땀 한 땀 솔기를 맞추어 꿰매는 할머니
돋보기가 코에 걸려
눈을 비비고 다시 꿰어도 자꾸 헛손질
추석 명절에 손녀에게 입힐 추석빔
실이 달린 바늘을 머리에 꽂고도 더듬고 있다
솔기 속을 감치면서 세월을 붙들고 있다

—「솔기」 부분

울퉁불퉁

길쭉하게 생긴
푸른 몸
장거리 선수의 단단한
장딴지 같다

천식에 좋다고 달여 마시는 사람
알레르기가 치유된다며 물장구를 치는 아가
소문에 소문이 날개를 달고 다닌다

바짝 말린 수세미
튼실한 몸은 오간 데 없고
얼기설기 실타래 같은
늙은 엄마를 닮았다

—「수세미」 전문

지구 반 바퀴를 날아서 도착한 뉴욕
몸이 굳어지고 다리까지 저리다
반기며 웃고 있는 여인 낯설다
풀잎처럼 연약한 아이가
성숙한 여인이 되어 있다
잘 자란 화초 같다

—「어미와 딸」 부분

삼대의 이야기를 모아 보았습니다. 구태여 '할머니→어머니→딸'로 이어지는 아니, 그러면 사대의 이야기라 해야 옳겠지만, 여기서 '나'는 이 모든 관계를 이어주는 필수항목이기에 삼대로 이해하기로 했습니다. 누구나 상식, 아니 시간의 감각으로 "솥기 속을 감치면서 세월을 붙들고 있다"는 구절이 현재형임에도 불구하고 오롯이 과거의 기억일 뿐이라는 것을 알 수 있습니다. 반면에 "바짝 말라버린 수세미"와 "늙은 엄마"의 비유는 현재완료형 과거라 짐작할 수 있고, 낯선 '여인'과의 만남, 그렇게 훌쩍 커버린 '딸'을 만나는 상황만이 실제적 현실이라고 이해해야 할 것입니다. 시인은 여기서 "누런 나뭇잎/바람에 떨어지지 않으려고 용을 쓴다/뒤뚱거리며 걷는 어미"라는 정말 선명한 이미지를 만들어냅니다. '뉴욕', 낯선 시간과 공간 속에 '말'이 통할 리 없는 환경에 내던져진 한 존재의 당혹감이, 그러나 "풀잎처럼 연약한 아이가/성숙한 여인이 되어 있"음을 보는 안도감이 정교하게 잘 교차되어 드러나 있습니다.

시인에게 기억 속의 어머니는 "비 오는 날 저녁이면/장작불에 익은 엄마의 이마에서 흐르는 땀/모시적삼 흠뻑 적신다"(「장맛비 내리는 날이면」)처럼 가족을 위해 온갖 노동을 다 감내하던 존재, 여전히 장맛비 내리는 날이면 그리운 '밀수제비'처럼 떠오르는 존재입니다. 그것은 또한 "겨울이면 물이 따뜻하게 변하는 그 오래된 우물/엄마의 두레박 소리 멀리 들"(「오래된 우물」)리는 유년의 불안하고 행복한 감정에 다름 아닙니다.

이쯤에서 시인이 '봄'을 애틋하게 생각하는 이유의 가장 커다란 단면(斷面)이 드러나는 것 같습니다. 사실 우리 모두가 살아내고자 하는 시간의 그 서두가 봄이기 때문입니다. 가족을 제재로 한 많은 시편들이 이러한 생각을 갖게 합니다.

작은 텃밭
고추 가지 오이 모종들 신생아들 같다
연록의 여린 식물들 통 속에 앉아 있는
여인을 바라보는 눈 반짝이고 있다
고추나무 두 그루 잎이 누렇게 변해 있고
여린 줄기 땅 밑으로 넘어질 것 같다
그 모종은 주인이 덤으로 주었다
땅의 힘에 조금씩, 고춧잎 생기가 보였고
작은 고추 몇 개 달렸다

오 개월 된 아기 감기 고열에
급성폐렴,
숨쉬기가 버거워 산소호흡기에 의지하고 있는 파리한
얼굴
두 개의 호흡기를 달고도 숨을 헐떡였다
어미는 혼이 나간 빈껍데기만 굴러가고 있었다

며칠 뒤
열이 내리고 숨을 제대로 쉬었다
"아가야 고맙다 살아주어서 어미도 살았다"

텃밭에는 튼실하게 고추가 많이 달렸다
아들의 고추같이 사랑스럽다

—「모종」 전문

이 작품은 말 그대로 '모종'을 '텃밭'에 옮겨 심은 일상의 소소한 행위를 표현하고 있는 것 같습니다. 하지만, 사실은 사물을 제 자식처럼 아낀다는 농부의 비유를 역으로 뒤집어 시인의 가족에 대한 애틋한 정으로 그리고 있다고 보입니다. '감기, 독감'의 경우에는 사람이 한 생을 살아가면서 평균적으로 수십 회 이상 앓는 것인데, "아가야 고맙다 살아주어서 어미도 살았다"라는 직설적 표현은 시인의 생명에 대한 깊은 경외가 어느 정도인지를 짐작케 해준다고 할 수 있습니다. 마찬가지로 텃밭에 튼실하게 달린 '고추'를 "아들의 고추같이 사랑스럽다"라고 표현할 수 있는 것은 뭇 생명을 동일하게 바라보는 시각의 힘이라 비약해도 될 것 같습니다.

3.

이번 시집 『아직도 나를 설레게 하는』은 그의 첫 시집 『어느 곳에나 있고 아무 데도 없는』의 예의 그 소곤거림이 조금은 다른 음색과 주파수로 귀청을 울리고 있습니다. 조심해서 추측해보면 시인이 어떤 큰 사건을 겪지 않았나 싶습니다. 시 「구천」이나 「중환자실」 등이 놀랍게 다가오면서 이런 심증을 확인해 준다고 할 수 있습니다.

매달린 통증
병은 기세가 등등하다
옆구리에서 핏물이 호스를 타고 내리고
고통이 풍선의 바람을 불었다가 꺼진다

간호사의 다급한 소리
—환자분 눈뜨셔요
눈까풀을 올려본다
—제 소리 들리셔요?
—손가락 움직여보셔요

소리는 들리지만
몸은 땅 밑으로 끝없이 내려가고 있다

손가락이 움직여진다
며칠째 깊은 잠의 늪에서 땅 위로 올라오는
봄날의 아지랑이 나를 깨운다

—「중환자실」 전문

생명이 걸린 어떤 중대한 사건을 겪고 나면 일반적으로 사람은 보다 지혜로워지거나 체념적이 되기 마련입니다. 절망이나 허망이 그간의 모든 노력과 수고를 덮어버리기 때문입니다. 하지만 시인은 거기서 '그리기/작곡하기/쓰기'를 멈추지 않습니다. 왜냐하면 그 또한 자연으로서 우리가 마땅히 치러야 할 값이라 생각하기 때문입니다. 시인은 "봄날의 아지랑이 나를 깨운다"고 했습니다. 여기서 주목할 점은 '아지랑이'는 신기루나 환상이 아니라는 것입니다. 그것에 어른대는 것은 햇살이고, 아지랑이 자체는 자기의 물기와 온기를 다 갖추고 있기에, 우리는 아지랑이 사이에서 다가올 여름과 이후의 계절을 꿈꿀 수도 있고, 이후에 걸어갈 길을 찾을 수도 있습니다. 시인은 이것을 '방석세탁'이라는 평범하고 일상적인 행위의 비유를 들어 너무나도 자세하게 보여줍니다.

너는 태어나면서 냄새나는 엉덩이에 눌려서 잘도 버틴다
"그래도 괜찮아, 매서운 칼바람은 먹지 않아도 돼"
오늘은 주인이 내 몸을 깨끗이 세탁해서 햇볕에 말려
옷이 반짝거려
베란다 너머 서 있는 백일홍 나무
갑자기 불어대는 한파에 오들오들 떨면서 아파트 안을

기웃댄다
실눈을 뜨고 있던 단풍잎들도 마른 몸을 바스락거리며
앞집 할머니는 요양원에 실려 갔대
방석처럼 깨끗이 세탁해서 오면 좋겠는데

치매로 정신이 오락가락하는 할머니
아무리 세탁을 하고 또 해도
흰머리가 검은머리로 변하지 않지만
추억의 홀씨 바람 속에 흩날리는
지난날의 곱던 시절을 잊지 않고 행복해 한다

올려다보는
내려다보는
가지각색의 꽃들이 세탁을 기다린다

—「방석세탁」 전문

애초에 쓸모의 귀천이나 위계(位階)를 따질 필요도 없지만, '방석'은 그 나름의 긍지로 존재합니다. 물론 제 본분을 기만(欺瞞)하지 않기에 우리는 그것을 있는 그대로 수긍하게 됩니다. 하지만 사람은 '치매'처럼 불가피하게 찾아드는 객(客)으로부터 그렇게 멀리 도망칠 수도 없습니다. 하지만 "지난날 곱던 시절"을 잊지 않는 추억의 힘이 알게 모르게 오늘도 작용하고 있다고 믿습니다. 그걸 쉼 없이 드러내 보여주는 것이 시인의 올바른 책무일 것입니다. 이연주 시인은 "우리 집 막내는 둘째를 낳았다/태명이 또순이라더니/천생 저거 애비 닮았다"(「잎은 지고, 꽃은 피고」)라고 슬쩍 자식 자랑 한 자락을 시집 갈피에 끼워 넣지만, 제목처럼 "잎은 지고//꽃은 다시 피"는 이치(理致)를 결코 모른 척하지 않을 것입니다. 시인의 힘을 아직은 다 빼지 않을 것입니다.

이 도서의 국립중앙도서관 출판시도서목록(CIP)은 서지정보유통지원시스템 홈페이지(http://seoji.nl.go.kr)와 국가자료공동목록시스템(http://www.nl.go.kr/kolisnet)에서 이용하실 수 있습니다.(CIP제어번호: CIP2017013779)

문학의전당 시인선 0261

아직도 나를 설레게 하는

초판 1쇄 인쇄 2017년 6월 16일
초판 1쇄 발행 2017년 6월 23일
지은이 이연주
펴낸이 고영
책임편집 서윤후
디자인 헤이존
펴낸곳 문학의전당
출판등록 제2017-000002호
주소 서울시 마포구 마포대로 11길 91, 3층
전화 02-852-1977 팩스 02-852-1978
전자우편 sbpoem@naver.com

ISBN 979-11-5896-324-8 03810